Je vais être Mamie !

Ce livre est destiné à ....
heureuse future Mamie !

Hélène Vatus   Illustrations Pauline Brosse

Autoédition

ISBN 978-1544200613
© Hélène Vatus 2017

À Camille, Clémentine, Roméo et Suzie

(et tous les prochains que j'aime déjà)

Il était une fois, une très jolie famille…

La vôtre, réunie autour d'un très bon repas préparé par Maître Picard, diplômé ès Surgelés (vous rentrez tout juste du cinéma, vous n'avez rien préparé).

À la vue de ces lasagnes en barquette, l'émotion est vive. Les yeux pétillent devant tant de beauté culinaire et les papilles s'affolent. Miam. Vous êtes sur le point d'enfourner une de ces délicieuses bouchées et de redire votre joie d'être ensemble, quand… négligemment,

votre FILS - FILLE :

⭐ vous glisse une graaaande enveloppe sous le nez,

⭐ vous offre un petit cadeau dont, sur le coup, le sens vous échappe (plus pour très longtemps),

⭐ trafique un pot de café Grand-Mère en Grand-Maman…

Si bien que, quand vous déballez la petite paire de moufles anti-griffures en coton blanc 100 % bio, vous regardez votre

FILLE-FILS
sans comprendre.

Mais vraiment sans rien comprendre du tout.

« Ce n'est pas ma taille !? » êtes-vous tentée de dire.
Et quand ENFIN ! l'information parvient à votre cerveau, votre corps vous lâche.
Crac. D'un coup sec. Sans préavis.
Et vous éclatez en sanglots.

Puis vous vous exclamez en sautant de joie :

« Oh ! Mon Dieu ! Ce n'est pas possible !! »

YOUPI ! YOUPIYA !

Collez ici votre photo de Super Mamie
(parce que vous pensez d'abord à vous).

Vous êtes sur un petit nuage !
(rose ou bleu ...)

Un bébé tout neuf dans la famille, c'est incroyable, quel Bonheur !
J'en connais qui vont être **vertes.**
Vite ! Il faut partager cette nouvelle avec la Terre Entière, pour les autres planètes, on verra plus tard.
D'abord sur le ton de la confidence, parce qu'on vous a demandé d'être un peu discrète, mais que c'est très difficile, vous confiez à quelques privilégiés : « Nous allons être Grands-Parents, mais chhuuuut... » Puis, les semaines passant et bébé étant bien installé, vous vous lâchez.
« C'est fou, tu ne vas pas le croire ?! »

Vous vous mettez à bondir de joie comme un kangourou dans le bush australien en répandant la Nouvelle autour de vous.
Et vous buvez du champagne à flots pour fêter l'événement.

La Vie est belle !

C'est Merveilleux...

Bien sûr, il y en a qui boudent votre bonheur. Des jaloux, des moches dans leur cœur. Ceux-là, vous les rayez de votre vie. Tant pis pour eux. Ils n'avaient qu'à mieux vous aimer. Et puis il y a ceux qui vous aiment, mais qui disent des choses étranges comme : « Super ! Mais... pfuuuii... C'est du boulot ! »

Comment ça « du boulot » ? Qu'est-ce qu'ils racontent ? Surtout que vous, les enfants, ça vous connaît.
Vous en avez eu 1, 2, 3, 4, 5, 6 ?
Alors hein… Fastoche.

« Et je sais de quoi je parle ! »

Plus trop en fait. Pour être honnête, cela fait un bout de temps que vous n'en avez pas pris un dans vos bras, ou alors par mégarde, ou lors d'un dépannage express de 5 minutes. Mais... Tous les réflexes maternels reviennent au triple galop, non ? Mmmmm... Bon ! On verra plus tard, car pour le moment, l'heure est à la dépense.

Enfin !

Vous désespériez de pouvoir gâter ce petit, il ne s'agirait pas qu'il arrive dans le dénuement le plus total.

« Vas-y Maman, lâche-toi ! … Mais t'inquiète, il a déjà pas mal de trucs ! »

DES TRUCS ?! QUELS TRUCS ??

… Du « Bon Coin »,
… De copines,
… De cousines au 7e degré…

ARGH.

Pourtant, vous ne voulez que du récent pour votre bébé, du beau, du luxueux !

Vous réfléchissez.
Vous allez faire de vrais achats. Solides. Mûrement pensés.
Il y a bien quelque chose que ce petit n'a pas encore……

…

« Quoi !! Une poussette à 1000 € ! s'étrangle futur papy, tu es folle ! Hors de question ! »
« Mais c'est une Bungaloboubou 18 vitesses avec canot de sauvetage, tu ne veux quand même pas le balader dans un caddy de supermarché ?! »

De toute façon, c'est trop tard.

La poussette est déjà dans votre coffre avec :

- un lit à barreaux, un lit parapluie, deux matelas, un siège auto, un transat, une gigoteuse, une chaise haute, une table à langer, un mobile, un baby phone
et
- une jolie commode pour mettre ses minuscules affaires (planquées dans votre armoire pour ne pas affoler papy)

Tous ces petits vêtements dans lesquels vous l'imaginez déjà.

Car vous courez les boutiques dans tous les sens.

Aller-retour et plusieurs fois par jour, mue par l'énergie du ravissement. Jamais vu autant de belles choses ! Ce n'est pas demain la veille que vous allez vous arrêter. Vous croisez les doigts pour que vos achats plaisent et rectifiez le tir in extremis en passant du gris-souris-so-chic, aux couleurs pétillantes et acidulées comme des bonbons. Les parents veulent de la couleur et la couleur, ce n'est pas ce qui manque. Du rose, du vert, du bleu, du rose et du bleu avec du vert et du jaune et du violet. C'est du Technicolor. C'est magnifique.
C'est la fête !

Ah ça ! Vous vous régalez.

... « C'est à toi que tu fais plaisir ! »

Mais OUI ! Et vous assumez pleinement.

Vous n'arrêtez pas de vous faire plaisir !

Vous avez une pêche terrible ! Et en plus vous êtes impatiente.

Vous ne tenez plus en place. Car dorénavant, l'arrivée de bébé est imminente.
Vous y pensez tout le temps. Le jour, la nuit, au travail, dans l'ascenseur, sous la douche…
Réglée comme un coucou suisse, vous appelez la future maman à heure fixe :

- Des symptômes ?
- Envie de repeindre toute la maison ?
- Creuser une piscine à la petite cuillère ?
- Lessiver tous les plafonds ?

Vous fixez votre portable avec intensité en lui ordonnant de sonner !

Et c'est au moment où vous vous y attendez le moins, qu'il se met enfin à carillonner.

Ainsi que les cloches de toutes les églises.

C'EST LA JOIE, L'ALLEGRESSE !

Bébé est arrivé.

Alléluia !

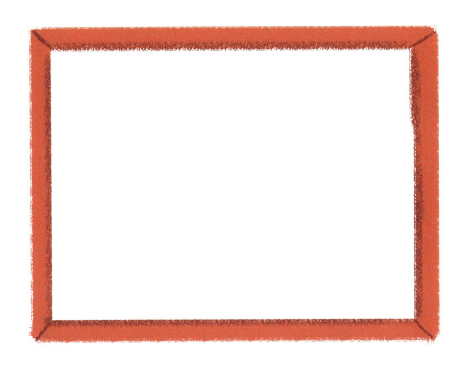

Collez la Photo de ...., le plus beau bébé du Monde !

L'émotion est à son paroxysme paroxysmique.

Vous tombez à genoux d'adoration et d'émerveillement devant cette petite créature. Vous êtes bouleversée, vos yeux s'embrument, les digues lâchent et vous pleurez de **JOIE**. Quant à Papy, ce grand gaillard pudique, il fond comme un bout de banquise sous le soleil des tropiques.

Puis vous braillez : « Comme il est superbe, comme il est joli, comme il est magnifique, comme c'est le plus beau du monde et que c'est presque le mien. »
En vous interrogeant...
Mais... ? C'est si petit que ça un nouveau-né à la naissance qui n'a que quelques heures ??
Vous en êtes là dans vos réflexions quand vous entendez :
« Vas-y Maman, donne-lui son bain, mets-lui de la crème et change-le »
« Tu veux dire là, tout de suite, sans entraînement ? »

Impossible de se défiler, l'autre mamie l'a déjà fait – de dos, les yeux bandés. Vous n'allez pas passer pour une courge ?
Si. Parce qu'à moins d'être surentraînée, enfiler un body naissance devrait figurer dans le Livre des Records.
Vous prenez le bébé dans vos bras avec une extrême douceur et après 45 minutes de lutte avec le tissu, vous rendez l'enfant à sa mère. Vous êtes rincée. Et perplexe.
Ils sont passés où vos fameux réflexes maternels ?

Vous sortez de la maternité en suant à grosses gouttes. Car même si ce petit chou ne fait que 3 kilos, vous l'avez porté pendant 2 très longues heures, très longues surtout pour votre tendinite au bras. Il faut dire qu'elle a pas mal dégusté. Mais qu'importe, vous n'allez pas commencer à vous plaindre, non ?!

Certainement pas ! Vous en redemandez, et puis il faut avouer que pour le moment et vu la distance qui vous sépare, vous ne le voyez pas encore très souvent.
Bien sûr il vous manque, vous avez envie de scotcher vos lèvres sur ses petites joues roses. À vie. Mais honnêtement, tant qu'il ne fait pas ses nuits, vous n'allez pas non plus vous rouler par terre pour l'avoir…

C'est que, curieusement, vous ne vous souveniez pas à quel point vous aviez besoin d'autant de sommeil…

Qu'importe ! Ce n'est pas à l'ordre du jour, les nouveaux parents viennent avec bonheur passer une journée ou un week-end chez vous. Vous les accueillez à bras grands ouverts en vous félicitant de votre chance
(vous avez entendu tellement d'histoires sordides de grands-parents privés de leurs petits-enfants),
que vous répondez

« PRESENTE ! » haut et fort à chaque sollicitation.

Vous vous félicitez d'être si bien équipée.

Il ne manque rien.

AH SI ! …

Des couches, des lingettes, du lait en poudre et d'autres bricoles que vous foncez acheter avant leur arrivée.

ENSUITE...

VOUS SUIVEZ SCRUPULEUSEMENT :

1. Les instructions, parce que tout a changé. C'est comme ça.

Le biberon... froid, Ok, on ne chauffe plus le lait, température ambiante. Le bébé dort sur le dos et non plus sur le ventre. D'accord. Pas de petits pots, mais des purées... faites maison (hou la !)
Le siège auto (et les études d'ingénieur qui vont avec). Position dos à la route de 0 à 13 kilos, face à la route de 15 à 36 kilos. Et pas l'inverse. Quand vous pensez que vous rouliez sur les genoux de votre maman à l'avant de la voiture en respirant à pleins poumons la fumée de cigarette de votre papa, vous l'avez échappé belle.

2. Les Parents.

À la trace. Avec enchantement. La tête dans les étoiles, mais les pieds dans les starting-blocks...

... « S'il te plait... Tu peux aller me chercher : une serviette, une cuillère, du lait, une couche, un body propre, des légumes, des petits gâteaux, Closer, ses chaussons, un bas de pyjama, merci. »

« Bien sûr ! »

ET VOUS COUREZ.
VOUS PRIEZ AUSSI. BEAUCOUP.

- Pour ne pas tomber dans les escaliers avec le bambin, même si vous êtes solidement accrochée à lui.
- Pour rester digne à l'heure du bain sans vous retrouver coincée, le dos à angle droit, les genoux collés au carrelage.
- Pour éviter de montrer que vous êtes un peu (beaucoup) fatiguée,

mais **HEUREUSE !**

Alors,

vous fermez les yeux sur le désordre qui règne dans toutes les pièces.
Vous les ouvrez pour vous émerveiller de ce que la vie vous apporte de magique depuis des mois.
Et vous les écarquillez quand on vous annonce :

« J'ATTENDS LE DEUXIEME!! »

Et c'est reparti pour de nouvelles aventures !
Des moments de

Bonheur Incomparable...

... Mais rien à voir avec le fameux...

« Dis Maman... Vous faites quoi pendant les vacances ?? »

Car c'est maintenant que tout commence...

POUR DE VRAI !

M̂ême pas peur.

Les petits sont là. Sans leurs parents. Seuls avec vous. Dans la maison. Grande et silencieuse.
Vous les serrez contre votre cœur, et comment dire… vous êtes soudain prise d'un léger vertige, vous vous sentez comme en apesanteur. Surtout au niveau de la cervelle, la vôtre évidemment, qui flotte dans votre boîte crânienne soudain devenue trop grande.
Bref, vous allez tomber dans les pommes.
Mais pas de panique ! La situation peut paraître pas facile – mais bon, oh hé ! Vous en avez vu d'autres.
Vous prenez les choses en mains et en parlant de mains, vous réalisez que la nature est mal faite car il vous en faudrait au moins 4. Idem pour les bras. Mais là – attention – vous disposez de « THE » Joker :

Papy !

Collez la Photo de Super Papy.

Papy à quatre pattes, les gamins sur le dos, papy qui joue, papy qui rigole, papy qui fait des risettes, papy qui chante (faux), qui donne à manger, lit des histoires, achète des couches, des lingettes, des tétines… « Encore ! Mais ils les bouffent ou quoi ? » Papy qui manque de vomir quand il fait du manège, papy qui commence à râler : « Mon bureau, c'est pas une nurserie et c'est quoi tout ce linge ? »
Papy qui voudrait travailler un peu, beaucoup, passionnément.

ET LA, RIEN NE VA PLUS.

« Tu pourrais au moins le changer ! criez-vous en le poursuivant

un bébé sous le bras.
— Il a fait caca ?
— Oui. »
— Alors c'est non ! Ça fait trois jours que j'ai la gerbe avec toutes ces couches et en plus, j'ai un contrat International de l'Univers à faire pour demain ! »
Et il claque la porte de son bureau d'un coup sec, vous laissant en plan.

DEBORDEE. SUBMERGEE. RATATINEE.

« Je veux maman… » susurre l'aîné. Quant au cadet, il emploie les grands moyens et se met à hurler sans discontinuer. La couche pleine à ras bord.

Les chiens fuient terrorisés. Vous essayez de calmer les petits en promettant pour le déjeuner des frites et du riz et des pâtes avec du ketchup et de la mayonnaise et des Smarties sur les saucisses. Vous jetez un regard circulaire. C'est la catastrophe. La maison est à l'abandon. Il est presque midi, tout le monde est encore en pyjama.

Vous ne vous êtes pas posée une seule fois en trois jours. Pas pu lire deux lignes d'affilée, pas pu boire un seul verre de rouge avachie dans le canapé. Vous êtes crevée. Votre tête va exploser. Vos jambes ne vous portent plus, vous avez le dos en compote et il faut tenir encore 8 longues journées.

C'EST LA PANIQUE.

Quand on sonne.

Votre meilleure amie apparaît sur le seuil de la porte, rayonnante, un petit-enfant (à elle) accroché dans chaque bras.
Elle est béate et sereine.
Ils sont lavés et repus.
Vous n'osez pas regarder les vôtres.
Vous essayez d'effacer ce vilain rictus qui défigure votre visage.
Vous vous efforcez de sourire. Et vous vous demandez :

Mais comment ?

Comment fait-elle ?

La réponse est nette et sans appel.
Tout est une question d'organisation
(et de bon sens !).

Car sans organisation, autant vous tirer une balle dans le pied tout de suite, voire dans les deux, comme ça l'affaire sera réglée. Vous serez totalement inefficace, la maison partira à vau-l'eau et vous finirez dans le ruisseau.
Mais qui dit Organisation, dit Règles*. Et oui, c'est comme ça, il faut aussi un peu de rigueur dans la vie, même si ces derniers temps, ce n'est franchement pas votre fort vu que pour votre bien-être – puisque ça fait trente ans que vous trimez tous les deux comme des forcenés – vous avez tendance à vous accorder du plaisir.
Beaucoup.

*Ceci dit, ces règles sont tellement simples et évidentes, que j'ai honte d'avoir mis autant de temps à les trouver, sans compter que je ne les ai pas trouvées toute seule en plus...

Alors passons aux choses sérieuses !

Voici donc pour vous,

Tendre Mamie Et Tendre Papy :

Collez une Photo de votre Bonheur à trois.

10 Règles

Incontournables pour être au

Règle N° 1
L'Oubli

On se comprend. Je ne parle pas de l'oubli de vos petits-enfants au rayon boucherie de votre grande surface pendant que vous êtes à 300 mètres de là en train de papoter avec un véritable être humain.

Non. Je parle de l'oubli de votre vie.
D'avant.

Vous savez, celle où vous n'aviez aucune contrainte, où vous faisiez ce que vous vouliez quand vous en aviez envie et que vous trouviez encore le moyen de râler.

Eh bien c'est fini.

Terminé. Inutile d'essayer de tapoter sur votre nouvel Ipad en donnant un journal à votre bout de chou pour qu'il s'occupe. À 10 mois, on ne sait pas lire. C'est comme ça, faites-vous une raison : plus rien ne compte, sauf votre petite progéniture.
Votre temps lui sera désormais consacré à 200% et à rien d'autre.

On se mentalise. Quand vous l'aurez bien assimilé, vous verrez comme tout vous paraîtra plus facile, c'est incroyable !

Règle N° 2
Le (fameux) cordon à Lunettes

On arrête de faire son-sa coquet(te). Tout le monde le sait que vous n'y voyez plus rien. Que vous êtes aveugle ou presque. Et inutile de geindre :

« Mais c'eeeest que de prèèès... »

Justement. Tout se passe à 50 cm de votre figure. Le petit bouton – tiens, de varicelle, chouette ! – ce n'est pas avec vos yeux de presbyte que vous allez le détecter, même si vous avez le nez dessus. Vous ne le verrez pas.
Donc vous aurez besoin de vos lunettes que vous allez chercher, sans les trouver.
Et pourquoi ? Parce que vous ne savez pas où elles sont, vu qu'elles se déplacent en permanence.
D'électrique, vous passerez sous haute tension, avec en réserve de quoi éclairer un village entier pendant 1 an.
Vous transpirerez comme un bœuf et les hurlements du petit qui ne veut pas être défiguré n'arrangeront pas la situation.
« Calme-toi mon petit cœur, Papy-Mamie va regarder ça quand il-elle aura retrouvé ses lunettes, tu ne sais pas où se cachent ces garces par hasard ? »

Non.
Personne ne le sait.

Alors,
foncez dans la première pharmacie, achetez un cordon, accrochez-y vos lunettes et gardez-les autour du cou.

On reste pragmatique. C'est vraiment moche, mais ça vous sauve la vie et de toute façon aux yeux de votre coco, vous serez toujours les plus beaux !

Règle N°3
Pas de compète !

Toutes les raisons sont bonnes de vouloir gâter la prunelle de la prunelle de vos yeux.
Et vous êtes conscients qu'un :
« Papy té fort » ou un « Mamie ze t'aime zusqu'au ciel »
peut avoir des répercussions assez inattendues sur votre potentiel émotionnel. Ce sont vos petits-enfants à vous rien qu'à vous et vous n'êtes pas contre le fait Qu'ils vous aiment beaucoup. Même plus que les autres grands-parents. Ce n'est pas joli-joli. Mais bon... Vous basculez du côté obscur de la force avec une facilité déconcertante dès qu'il s'agit de vos chéris et des moyens de vous faire aimer.

« Tiens mon chou, Mamie t'a acheté un camion poubelle qui fait pouêt-pouêt, un vélo, une cuisinière en bois et un cheval à bascule ! »
« Tu as déjà un camion poubelle ? Pas grave. Celui-là, ce sera pour le tri sélectif... »

Inutile de se voiler la face, vous êtes prête à vous vendre pour gagner leur cœur.
Et y avoir la meilleure place.

Légitime. Mais... fatigant.
La Compétition dans ce domaine n'existe pas. L'Amour ne s'achète pas. Et quand il s'achète, cela s'appelle de l'intérêt. Vous êtes au courant ?
Alors, on s'octroie des coups de folie juste pour le plaisir d'être déraisonnable, c'est tellement chouette ! Mais sans aucune arrière-pensée.
Vos cocos ont une chance folle d'avoir plusieurs Grands-Parents différents et aimants. Quelle Richesse !

On reste soi-même. C'est tellement plus reposant...

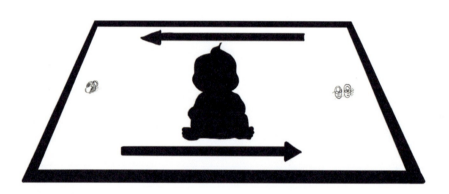

On Rassemble L'essentiel

Chaussures
Bonnets
Chaussons
Manteaux
Écharpes

Choisissez un fauteuil, un banc, une table ou une commode, bref, un endroit sur lequel
vous rassemblerez systématiquement toutes leurs petites affaires. Vous savez, ces petites affaires qui disparaissent comme par magie au moment où vous êtes sur le point de sortir. Mais vraiment juste au moment de partir. Cela peut vite devenir très très éprouvant.
Parce que d'un côté, vous avez un bébé sanglé qui hurle d'impatience
en s'arc-boutant dans sa poussette,
et de l'autre,
sa sœur déguisée en fée Clochette à califourchon sur votre dos pendant que vous cherchez à quatre pattes la chaussure qui lui manque.

On trouve tout de suite un endroit où poser les affaires, c'est bête comme chou et tellement pratique.

Règle N°5
Ne Pas Déranger

Vous qui aimez que L'Ordre règne dans votre jolie maison témoin, si, si, soyez honnête, depuis que les enfants sont partis, plus rien ne traîne, vous faites même la guerre à votre mari s'il a le culot de ne pas ranger son manteau immédiatement dans l'Entrée et sur un cintre s'il te plaît.

Alors pourquoi tout à coup décidez-vous de la saccager, en déversant dans votre belle salle à manger qui n'a rien demandé, un camion benne rempli de jouets ?

Parce que vous voulez que vos petits jouent.
Normal.

Et des jouets, vous pouvez dire que vous en avez beaucoup. C'est bien !

Mais inutile de les apporter tous en même temps. Ils ne feront pas la différence entre 1 m³ ou 30 m³ de jouets.

Par contre, vous, si.

Surtout le soir.

On planque.
Le surplus est rangé dans des placards. Il sera toujours temps de le ressortir.

Règle N°6
Dormez.... ZZZZzzzzzzz

C'est un ordre.

Autant que vous pouvez. Dès que vous pouvez. Où vous pouvez !
(Attendez que les petits soient endormis, c'est mieux.)

Soyons francs, dans une vie antérieure, la seule chose qui pouvait perturber votre sommeil était de savoir si vous auriez le temps de lire quelques pages supplémentaires de votre super bouquin avant que vos deux petits yeux ne réclament leur fermeture immédiate.
Pas facile.
Maintenant, c'est différent.

Vous ne dormez que d'un œil. C'est nouveau. L'autre fait la garde tooouuutte la nuit. Normal, vous êtes déjà en état d'alerte avant même d'avoir posé un pied dans votre chambre.
Pourquoi ?
À cause du baby-phone. Qui vous a fait sauter au plafond comme un bouchon de champagne au premier mouvement de bébé dans son lit riquiqui.

Vous aviez réglé le son à fond.

Erreur de Grands-Parents débutants qui provoque une bonne poussée d'adrénaline. Les multiples vérifications qui s'ensuivent pour savoir si bébé ne s'est pas échappé en escaladant son lit à barreaux (à 3 mois, c'est plutôt rare) vous ont épuisée.
Soulagée, vous allez enfin vous coucher l'esprit en paix.
Pas pour longtemps.
Et s'il avait un complice dans sa chambre qui l'aide à se faire la belle ?
Finalement, le sommeil vous terrasse. Le réveil aussi.
6h00 du matin, ça calme...

On fonce. Dès qu'ils dorment, on se repose.

Règle N° 7
C'est Papa et Maman qui décident. (de tout)

Bien sûr !

C'est évident !

Ah oui ? ...
Alors c'est quoi, ce total look rose et ces nœuds-nœuds dans les cheveux de votre coquette de 16 mois ?
« Maaaaiiiis... Heeeuuuu... C'est la première petite-fille depuis 4 générations ! »

Peut-être...

Mais ce n'est pas une raison pour la déguiser en Barbie-je-t'aime-pour-la-vie quand ses parents ne l'habillent qu'avec des culottes de chanvre.
Et là, il ne s'agit que de la face émergée de l'iceberg, parce que le...
« Mamie, elle dit que je peux faire pipi dans la baignoire ! »

Ça vous rappelle quelque chose ? ...
C'est amusant, à la maman aussi...

Surtout en plein apprentissage de la propreté !

On suit les consignes. Pour la paix des ménages, c'est mieux.

Règles N°8
Le plein de couches et de plein d'autres choses

PIN-PON ! Explosion de couche imminente.
PIN-PON ! Atterrissage non contrôlé.
PIN-PON !   Boîte de lait en détresse.

Envie de vous rejouer le Salaire de la Peur ?
Facile !

Vous constatez – avec effroi – que :
Le paquet de couches, le flacon d'Arnica et la boîte de lait en poudre
sont… vides !

Et vos réserves épuisées.

Que c'est dimanche. Et que la pharmacie de garde n'est accessible que par hélicoptère.
Vous foncez la peur au ventre (19h00, c'est limite)
et arrivez au moment de la fermeture.
Le pharmacien essaie de vous refouler. Mais vous ne vous laissez pas faire.

Vaincu, il vous donne 5 minutes pour passer commande.
Vous vous écroulez sur une chaise et tendez un bras – pour qu'il prenne votre tension.
De l'autre, votre liste.

Vous avez survécu ? C'est une chance.
Inutile de dire qu'après un tel stress, conduire des camions remplis à ras bord de nitroglycérine sur des routes défoncées présentera peu d'intérêt.

On stocke. Pour ne plus se faire piéger.

Règle N° 9
Les bonnes vieilles serviettes de toilette

Elles sont belles, elles sont douces. Il y en a des blanches, de couleur, brodées, à liteau, nid d'abeille, éponge luxe, boucles épaisses, toucher moelleux et même en coton biologique.
Elles sont grandes, carrées, rectangulaires. Elles sont indispensables !
Elles vous sauvent la vie.
Enfin celle de vos couettes et canapés qui voient arriver avec panique un derrière crotté.
Parce qu'au jugé, votre tendance optimiste opte pour un gros pipi.
Erreur.
La couche se révèle pleine de surprises et l'enfant heureux de s'en débarrasser, fête l'événement en faisant de la luge sur votre jolie housse 100 % lin.

ARGH.

Bien sûr, vous êtes très organisée ! Vous avez une table à langer.

Sauf qu'elle est à l'étage et que l'opération commando se déroule au rez-de-chaussée.
Comme vous n'avez aucune envie de monter 44 marches et que la table à langer refuse de se téléporter, vous gérez comme vous pouvez.
Ok !

Mais maintenant, vous faites quoi des traces suspectes ?

On prévoit. Une serviette de toilette à portée de main aux endroits stratégiques. C'est tellement plus simple à jeter dans la machine à laver qu'un canapé et sa housse. Elle peut aussi être remplacée par un plaid, ce n'est pas interdit.

Règle N° 10
Lâcher Prise

La maison vous paraît minable.

Cela fait 8 jours que vous n'avez pas fait le ménage.

Vous ne savez même plus où se trouve le lave-vaisselle, vous avez (presque) oublié à quoi ressemble un balai (ce truc avec un manche en bois et des poils au bout). Vous faites du rangement par le vide (tout ce qui dépasse va sous le lit). Vous jetez un regard (presque) indifférent aux amoncellements d'objets qui traînent un peu partout.

Vous vous félicitez d'y retrouver la râpe à fromage.
Vous constatez que la pile de linge sale atteint le plafond.
Vous constatez que ça vous est (presque) égal.
Vous vous trouvez formidable.
C'est bien.

Mais... inexact.
Parce que, intérieurement, le feu dévorant du rangement vous consume.

SI ! SI !

Vous rêvez propreté, alignement, lessivage, essorage, repassage et récurage.

Faux ? Alors que fait votre doigt sur la gâchette du flacon-pistolet de votre nettoyant surpuissant ? Allez... On dépose les armes.
Surtout en pleine nuit.

On se détend.

On récapitule :

1 × MA VIE D'AVANT J'OUBLIERAI.

2 × CORDON A LUNETTES J'ACHETERAI.

3 × MOI-MEME JE RESTERAI.

4 × ORGANISEE JE SERAI.

5 × BAZAR J'EVITERAI.

6 × REPOS JE M'IMPOSERAI.

7 × CONSIGNES JE SUIVRAI.

8 × STOCKS JE FERAI.

9 × PRECAUTIONS JE PRENDRAI.

10 × ZEN JE SERAI.

Le Début
de
vos Aventures Extraordinaires.

Que ce petit livre vous guide
sans vous diriger,

que vos émotions vous portent,

et que votre cœur vous
transporte.

Et si vous ne deviez retenir
qu'une seule règle
ce serait...

La Règle d'Or :

J'en Profite à fond !

Je bisoute.
Je chouchoute.
Je fais la folle.
Je rigole, je m'amuse.
Parce qu'une Mamie heureuse, il n'y a rien de mieux !

Alors… Bon vent et joyeuse route tous ensemble !

Nos Petits-Enfants

Comment j'ai appris la Grande Nouvelle :
(Je le raconte dans le détail. J'y écris ce que je veux, c'est mon carnet.)

Ce que j'ai ressenti.

Mon Carnet Personnel et Éternel.

Je consigne les bons moments, les exploits, les jolis mots, les anecdotes, les surprises, les anniversaires, les fêtes, et tout ce qui me vient par la tête. Alouette.

. . . .

. . . .

. . . .

. . . .

. . . .

. . . .

. . . .

. . . .

. . . .

. . . .

Bibliographie

Si vous avez apprécié ce livre, l'auteure a écrit d'autres ouvrages susceptibles de vous plaire sous le nom d'Hélène Polle :

Je contrôle tout ! (enfin presque…)
Livre numérique et papier sur Amazon.
Lien court : amzn.to/2nOxNfz

Sur la table de la cuisine, un énorme paquet.
Je demande discrètement : « C'est pour moi ? »
L'homme de ma vie approuve d'un hochement de tête et ajoute :
« Pour la Fête des Mères, puisque j'avais oublié. »
Alors là ! Moi je dis qu'il y a quand même un cœur qui bat sous cette charpente en béton armé. J'arrache le papier et ouvre la boîte.
Oooooh… une cocotte minute… J'en rêvais… et pourquoi pas une dent sur pivot ou un pot d'échappement neuf tant qu'on y est !

Zut. Comment faire comprendre :
Au père de vos enfants qu'une cocotte minute se porte rarement autour du cou.
À votre fille de 17 ans qui rêve d'acheter un bistrot, qu'une Licence 4 c'est pas mal, mais qu'un diplôme de kiné, c'est bien aussi.
À votre chien que votre canapé n'est pas le prolongement de sa vessie.

Il faut se rendre à l'évidence, la réalité n'est pas toujours conforme à nos attentes !

L'auteur brosse un tableau réjouissant de la vie de mère de famille. Un sens aigu de l'observation et un humour tonique nous font plonger avec délice dans la grande aventure du Quotidien !

Tout est possible ! (ah bon ?!...)
Livre numérique sur Amazon.
Lien court : amzn.to/2ocKfsJ

Tout va bien.
Si. Si.
La vie est merveilleuse et vaut franchement le coup d'être vécue. Enfin il paraît.
Une famille, des amis, un travail enrichissant, un projet exaltant, des enfants attentionnés, une mère discrète, un conjoint compréhensif, un chien fidèle etc. ... etc. ... Parfait.
Sauf que, pour être tout à fait honnête, certaines petites choses pourraient être améliorées.
Ok. Carrément changées. Car en fait, vous aimeriez que votre collègue de bureau se trouve une autre tête de Turc (c'est vrai, toujours la votre c'est lassant). Que le père de vos enfants cesse de clamer après 25 ans de bons et loyaux services, que vous êtes toujours en formation continue pour justifier son refus de vous épouser. Et que votre Maman réalise – enfin – que vous venez d'atteindre l'âge de raison.
Sans oublier que vous souhaitez de toutes vos forces :
- maigrir, mais sans acharnement thérapeutique ;
- garder vos enfants adorés chez vous et à vie (même contre leur gré) ;
- dresser votre chien comme dans les films ;
- réussir à ce qu'au moins une personne sur cette terre fasse mine de s'intéresser au merveilleux projet qui vous tient à cœur ;
- avoir un QI de 160 ;
- une peau lisse de nourrisson ;
- être reconnue d'utilité publique ;
- et pourquoi pas, béatifiée de votre vivant (après ça n'a plus aucun intérêt).

C'est pas trop demandé quand même ?

Faut croire que si.

Chasing my tail

Livre numérique sur Amazon. Version anglaise de Je contrôle tout ! (enfin presque…).
Lien court : amzn.to/2opiAWj

'It's for Mother's Day, since I forgot…'
Oh wow! Well, I say, after all he does have a living heart under his solid concrete carapace. I rip the paper off, open the box. Ooohhh… a pressure cooker… just what I dreamt of…

Twenty-plus years and three children take their toll on romance, even if you live in Paris, the City of Love. Hélène Polle takes us on a roller-coaster ride through one woman's life-work, weight issues, difficult teenagers and above all the dreaded 45th birthday. Très drôle !

Mentions légales

Ce livre est protégé par les lois en vigueur sur les droits d'auteur et la propriété intellectuelle. Toute reproduction, diffusion ou modification, partielle ou totale, de cet ouvrage par quelque procédé que ce soit, connu (photocopie, photographie, fichier informatique, etc.) ou à venir, est strictement interdite sans l'accord écrit et préalable de son auteur, Hélène Vatus. Cela constituerait une contrefaçon sanctionnée par les articles L335-2 et suivants du Code de la propriété intellectuelle.

Droits d'auteur © Hélène Vatus 2017
Crédits images © Pauline Brosse 2017
ISBN 978-1544200613

Ce livre est édité par Hélène Vatus, 25 rue Charles Bémont, 78290 Croissy-sur-Seine, France.
E-mail de contact : helene.vatus@gmail.com

Livre mis en forme par Jérémie Lebrunet, des Éditions Destination Futur : www.editions-destination-futur.fr.

*Imprimé par CreateSpace
Impression à la demande
Dépôt légal : mai 2017*

Printed in France by Amazon
Brétigny-sur-Orge, FR